EL ARCO IRIS DE MÁS DE OCHO COLORES

Alberto Martín Méndez

El arco iris de más de ocho colores
Primera Edición 2024

© Alberto Martín Méndez 2024

© Ediciones Rilke.
http://www.edicionesrilke.com
editorial@edicionesrilke.com
C/Dr. Fleming Nº 50, 4ºD
28036 Madrid
Teléfono: 34 91 999 13 12

ISBN-13:978-84-18566-42-4

Depósito Legal: M-12913-2024

EL ARCO IRIS
DE MÁS DE
OCHO COLORES

Alberto Martín Méndez

preludio

00

preparaos humanos
velad vuestras armas con dedicación plena
invocad a las musas que custodian vuestros cofres
para que no desatiendan vuestras súplicas
preparaos ojos
que el cristalino actúe como un caleidoscopio
donde se asilen con demencia todos los paisajes
prepárate ternura
extiende la inocencia
y todo el equipaje necesario
luce tu veste más dulce de violines
porque vamos a hablar de la muerte

infancia

he visto rayos c brillar en la oscuridad cerca
de la puerta de tanhauser (del fragmento de
la película *blade runner* conocido como
lágrimas en la lluvia)

01

cuando el mundo era novel e inmaduro
y las fronteras se traspasaban sin movimiento alguno
cuando había recortes de periódico que
dirigían los astros
hacia la caída de la tarde
y la rutina carecía de volumen
cuando todo era tibio
y las manos se entrelazaban como en una plegaria diminuta
cuando creímos y cruzamos la calle y tuvimos fuerza
cuando todo era tibio

02

un lugar en la mañana vieja
desde el que proyectábamos deseos e incertezas
el recorrido húmedo, carnal, inmaculado
flotando entre la brisa vigilante
existir era entonces un verbo transitivo
y los cirros bañaban de púrpura los ojos
lo absoluto era limpio
lo eterno era instantáneo
el universo cabía en un susurro
lo infinito era verde
y las alas se llevaban lejos la amargura

03

tendido en la epopeya del camino primero cuando las armas
[eran tirachinas
rodillas y blasfemias
descalzo de futuro vacío de recelos
reducido a un espejo que narra tierras
que alguna vez fueron vírgenes
me dejo trasladar a las ramas de los pinos
a los aledaños de los nidos
a las grutas excavadas en el dorso de los barrancos
donde se jugaba con la honradez y con el miedo
con la confianza y el peligro
y dono a la ciencia mis recuerdos fugaces

04

la electricidad
con el voltaje marrón de las anguilas
los escondites de las lagartijas
los rabos en la mano
las ácidas manzanas al calor de lo prohibido
el beso primigenio el origen de todo
las manos con los índices unidos
los surcos en la arena
la harmónica la patada la estampa
deslizándose desde la pared para atrapar otras estampas
todas aquellas cosas que confluían en
las caras que importaban,
los acentos, los amigos y los adversarios,
no sé por qué han venido a juntarse ahora en estos versos
como si siempre los estuviera esperando todavía

05

la belleza
la belleza es el todo, el culmen,
el cénit de la búsqueda de las ánimas líquidas
entonces la belleza con una pátina de inocencia sin traiciones
entonces mojados de inconsciencia
delfines desatados dibujando espirales
acordes finísimos
como hilos de nailon nacarados
vencejos desgarrando el aire transparente
miradas certeras que alumbraban las sendas tenebrosas
y ahora en cambio ahora
indolencia y desidia,
ráfagas de nobleza
pero incuria, desaliño, comodidad y flema,
en cambio ahora

cuento de color verde

cuando yo era niño y me enseñaron
que en las plantas circulaba la saliva
imaginaba conversaciones
de helecho a helecho
de amapolas a musgo
de cactus a palmeras
hablaban de sus cosas,
anhelos, frustraciones,
de amor, de ser amado,
de volar, de yacer, de envidias ancestrales,
se preguntaban por qué el sol
aliado infatigable
era mudo
mudo como el hombre o como la serpiente
y al llegar el ocaso
cerraban la palabra
descansando de la imaginación y de la entrega
temiendo, en su cordura,
que alguna vez llegara
una hemorragia de fotosíntesis abierta

vestía el labrador largas polainas
sentado en un fragmento de muralla
ataba en semicírculo con hilos invisibles
a una escuadra de alientos infantiles
contaba historias de una guerra reciente
con sonidos de disparos y de huidas
enfatizando las palabras más tenues
vertía cuentos que parecían salir
de detrás del bolsillo de su vieja camisa
embelesando las pequeñas bocas entreabiertas
con el humo del cigarrillo detenía el instante
que hipnotizaba los abiertos ojos circulares
narraba con la voz y con las manos
y nos íbamos de allí pidiendo siempre un bis

nunca hubo aplausos

08

la realidad era un escueto intangible
la solidaridad un extraño poso de barro
la verdad una mentira como cualquier otra
pero las miradas los dedos los golpes con el puño
eran alfombra y luz
la alfombra que se pisaba con las botas descalzas
la luz que acercaba los sueños a sueños más cercanos
mientras se firmaban con sangre tratados efímeros
que eran para siempre

09

éramos líneas vivas en la carne joven
líneas de longitud incierta en la carne inconsciente
cogimos la alegría y la escondimos
en un viejo bolsillo con agujeros
hallamos el insensato cielo en charcos y mazorcas
reflejamos la nieve en los ojos ajenos

lo que la luna dejó en el tiempo pretérito perfecto,
la laguna, las algas, el salobre olor del mar,
nunca podrá cambiarse

heredamos el dios niño que cabía en una mano
encerramos el futuro en unas botas
y alzamos, con nuestros propios brazos,
el arco iris de más de ocho colores
que día a día se mecía
sobre todas las máscaras y todas las
perfecciones

compañera

aunque yo no esté tú puedes seguir hablándome
(Cormac McCarthy; *la carretera*)

10

ocurrió en otro lugar en otro tiempo
en esa edad en que los sueños son verdad mientras se sueñan
y durante algunas horas más
en una ciudad embellecida por las canas
donde las tapias son cascadas
y las paredes son acantilados
una ciudad de piedra a borbotones
llena de pasado, códices, carpetas,
artículos, poetas, sangre y templos,
ocurrió cerca de lugares sacratísimos
a los que no se puede herir

sí, allí ocurrió:
te hice una pregunta
y me la respondiste

11

fue el mudo murmullo de unos besos bajo el cielo de unos
                                              [soportales
y una epístola que no llegó jamás a ser poema
fue un equipaje de ilusiones que entonces eran certezas y hoy
siguen siendo ilusiones

recuerdo, sí, que me detuve
tan dentro de tu corazón
como me lo permitía el tráfico,
que aguardé signos, señales favorables

tal vez por eso hoy entonamos la misma salmodia
y las interrogaciones siguen viniendo a posarse en el aparador
a la altura de los versos

12

apunto palabras en un papel en blanco y cuento que lo hago
cuento lo que hago
siento como los renglones se rompen por sí solos
y se convierten en versos

que intentan pronunciar tu nombre aunque no lo consigan
porque tu nombre es una palabra esdrújula
que se escapa en el aire
es compañera y pan y arte y espera
es paciencia y espuma

la tinta gris del lápiz
busca tu bendición

13

fuiste la mariposa que se convirtió en oruga
y hoy
tu arrugada piel de caramelo
agradece más el contacto que el elogio
entonces crece la paz como una enredadera
y las manecillas de reloj marcan una hora
que aún no se ha inventado

temple bar

en un viejo molino encontré tu nombre
y rocé con las yemas una cuartilla en blanco
en la que constaba que a veces solo a veces
la fortuna decide dejar de ser esquiva

sentí que pedía prestado un firmamento nuevo
para dejártelo en las manos

hoy estoy en donde quiero estar
lentamente y con gratitud
y te traeré aquí
para que contemples cómo se ama el sonido
y sientas cómo la música y la cerveza
-dos cráteres del mismo volcán-
penetran en la piel
y agitan los líquidos que corren por las venas
mientras los rostros rollizos y serenos
dibujan flechas que decoran la jornada

15

he buscado tu estela en la voz del espejo
y he decidido que no voy a olvidarte
registraré todo aquello que encuentre entre las sienes
y si constato que no hay rastro de ti

te apuntaré con el lápiz
en la segunda estrofa
grabaré tu nombre en la última célula latente
en la materia gris

te esconderé en un movimiento invisible que vaya
más allá del sístole
más lejos que el diástole

y en una pacífica quietud aguardaré soñando
que aún vuelas conmigo

16

porque todavía me queda el polvo de tus ojos aún me queda el
[poder de tus ojos
envuelto, distraído y diáfano
en estos versos difíciles

porque sé que
en el pasado habrá un día azul
en el que voltearemos sin miedo el reloj de arena
y aparecerá un susurro en tu blasfemia
una hiel en tu tacto
embadurnando arrabales y hojarasca
una estela en tu barco
y mi beso gritando
que no quiero morir

17

no volver a escribirte ni a disecar tu brisa silenciosa
ni a residir de nuevo en tu soplo de armonía
ni a ojear otra vez tu catálogo de pétalos
no poder evanescerte ni entreverte
ni esbozarte como un boceto difuminado a carboncillo
no tener ya la oportunidad de reparar diálogos impíos
conversaciones que nacieron quebradas
ni de borrar las tildes que se hincaban en los nervios desnudos
no reposar de nuevo en tu viaje de paloma mensajera
no reír con el vapor de tu palabra

no habrá recetas ni asperezas ni rutinas
ni
trasgos que remachen el paso del tiempo
se apagará
el candelabro que aún está encendido
contemplaré, o no contemplaré,
lo que hay dentro de ti
quizá palancas quizá plebiscitos
quizá metáforas, sencilleces o refranes

18

no partiré muy tarde
el vigilante del cielo lo ha dejado escrito
y que yo quiera o que no quiera es secundario
solo uno mismo habita en uno mismo y conoce
las tangentes que no tomó y debía haber tomado

buscaré tu signo en los confines de los astros y si tal vez lo
                                                        [hallo
extenderé ramos de camelias
sinfonías de frutas
bosques de evangelios

19

tengo testigos de que nunca he dejado de beber
tengo testigos de que nunca he dejado de vivir
y ahora que la senda se estrecha
quiero invertir el mármol
y busco, persistente, la nacarada aceptación de tu silencio
tiendo hacia ti unos dedos que apenas palpan el lugar en el que
[te has quedado
y me sumerjo en un ritmo que me acorrala
que me tiembla
que me sangra cuando clamo que
quiero irme pronunciando la palabra que nunca han dejado de
[pronunciar los dioses

20

me volqué en el amor y conseguí llevarlo
desde el lugar en el que nunca estuvo
hasta el lugar en el que nunca estará
fue un viaje complejo un itinerario
con paradas en suburbios y erosiones
duro como la sed en el desierto
delicado como el labio de una madre moribunda

y ahora quiero el tacto de tu minimalidad conciliadora
ahora que los filamentos de las bombillas se han ido rompiendo
ahora tengo frío
y el temor no me deja escribir
nunca más para siempre o mientras tanto

21

qué inabarcable es tu profesión de acequia
con qué inusual dedicación
extiendes el cariño en los cajones
tus ojos, que usas solo para ver,
recorren los espacios buscando
dónde habita una grieta
las manos, siempre abiertas,
despejan los residuos que hay en los lenguajes

han pasado muchos años estos últimos meses
y tu abanico sigue estando ahí
esparciendo aire limpio
y cantos de pequeños ruiseñores

despedida

y digo adiós, adiós, qué largo ha sido el camino
(de la canción *adiós, adiós* de *los suaves*)

22

el roble existía desde siempre
como un trilobites que en su día
hubiera sido feliz
el roble
deudor y adorador del cielo
buscaba la respuesta imprescindible
la magia necesaria
el tormento preciso
el roble roza tu vida con la frente
inmutable mutismo
silencioso silencio
el pasajero que alzará su rama para despedirte
nítida extremaunción
perenne olvido
amplio concierto mudo infinito cilindro
reloj interminable constatación
del polvo incierto y gris e inevitable

23

grito sombrío de enfermedad perenne
de maldad homicida
vocablo tenebroso desesperanza
asida a los extremos
vocerío implacable en las neuronas
tan dolor impermeable
que es suficiente para absolver la pena

dibujo
tu amenaza inagotable
con pinceles enhebrados en el alma
pero no temo al corazón
tampoco temo al olvido

24

habría que rellenar el alfabeto con las letras que hagan falta
para poder formar palabras sentencias oraciones
que fueran capaces de describir completamente
el misterio del amor
el misterio del odio
la incoherencia de los fanatismos
el insondable dolor de las adicciones

inventar signos que consiguieran
encontrar gaviotas donde solo hay ángeles
hallar ruinas donde solo hay simientes
coser axiomas en el lugar en el que están plantadas las
                                              [verdades

habría que colmar el abecedario de otros caracteres que
                                              [lograran
que el lenguaje vistiese educación y gozo
que los cuentos narrasen la inocencia a los adultos
que el mundo conociera y comprendiera
que el mundo se contemplara y recogiera
que el mundo

25

tengo a mi lado una mujer joven que escribe en un cuaderno
sus ojos son lindos
como extraídos de una fruta
y derrama tinieblas limpias
que embadurnan las hojas

elijo, por mí mismo,
que los versos que ella escribe
coinciden con los míos
y presiento en sus labios una flor que nunca encontrará

26

y qué les puedo decir a los chiquillos que se esparcen
ellos saben que el universo es suyo
ellos
ignoran la cerveza y el pesebre
tienden puentes abyectos hacia sombras distantes
se dan la mano para clarificar la esencia de la vida
llevan, uno en el hombro del otro,
pecados impacientes
y el futuro los mira como nos miraba a nosotros,
implacable

27

me voy limpiando el corazón de hierbas muertas
me quedan tantas melodías por tocar
que me estremezco y destilo informaciones falsas
temores y tumores,
el verbo que se evapora en su sustancia,
como elefante herido,
busca paz en un prado
parecido a la cuna,
y no quiero despedirme sin lavar los cacharros
que hicieron agradable este viaje:
la poesía, el tacto de unos ojos, el don de la palabra

28

en el otro lado
te preguntas qué habrá
si habrá puertas y ventanas
soles y paisajes
guitarras y alforjas
si no habrá nada o el solo recuerdo de las cosas
las miradas lloradas en su día y en su nada
todo lo que alguna vez había pasado antes
quizá no haya candelabros ni perfumes
o quizá estemos muertos
realmente muertos
y solo sintamos el frío de la tumba

29

ahora sé que en el umbral
la luz liminar golpea por la espalda
uno no puede ni debe detenerse
porque está escrito en las tablas de la ley
pero abro la ventana y en ella aún puedo revolver
ideas prófugas que me sirven para escribir poesía
y expulsar testimonios desde los pulmones

30

el aullido no viene ya de lejos
remontas el porvenir y contemplas
los grisáceos dedos de una extremidad
que intenta acariciarte

escuchas y comprendes
palabras que no tienen traducción a idioma alguno
escupes edificios y alfileres
envueltos en una saliva dulce y turbia

ya no preguntas cuándo, cómo, dónde,
tan solo preguntas qué

31

extrañaré la hojarasca
el espacio profundo entre cada par de estrellas
y los adverbios de lugar
me disfrazaré con rincones insondables
volveré la cabeza para no hallar nombre alguno
el último juguete se habrá roto
y hallaremos al fin
un silencio sin ruido

32

no me quiero ir sin que me vuelvan a diluviar todas las cosas
[que
alguna vez me diluviaron
las llamas que quemaron, los incendios que destruyeron, los
[socavones que quedaron,
las retinas manchadas de proa y manchadas de popa

he querido volver, reconstruir, reedificar,
pero los puentes entre los corazones no admiten geometrías
he escrito con dolor bajo las uñas y debería
ser más sencillo y decir solamente
te quiero y quisiera perdonar
te quiero y quisiera perdonar
te quiero y quisiera perdonar
y un etcétera de longitud ilimitada

33

he llegado a un lugar del que no se retorna y quiero retornar
he llegado a un lugar al que nunca se regresa
tengo el espejo abierto la conciencia maculada
el espíritu exterior lanzado a gritos
sobre un acantilado de poesía
y el espíritu interior vencido
roído por hormigas
que hacen su labor eternamente
eternamente

34

extraño entre los surcos de ausente gelatina
por los que discurre el deslizarse de los otros
ignorado en las tertulias y en las etnografías
clasificado como homo sapiens
sin taras ni minutos
espero solo el lugar que puedan ocupar estos versos
de mente culpable
pero mano inocente

35

no quiero limitarme con guerras y naciones
ni identidades definidas por una cartografía ya trazada
ni quiero ofenderte a ti
que tienes ahora mismo en mí fijos tus ojos
porque tengas otro credo otro idioma otra sonrisa

hoy sé que cada vida
es la historia completa de la vida
que cada estrella que deja de brillar dibuja
el eterno devenir del universo

sé que la mano del inocente
sea de donde sea y donde sea
suele estar vacía
esa es la mano a la que quiero mirar

36

hay ritmos de gaviotas que me impulsan hacia arriba
alucinaciones
alucinaciones que desde los pupitres
quieren trazar el porvenir

no ha sido siempre así,
tampoco el olvido ni el recuerdo
han sido siempre así

hoy nos enseñan que la eternidad se mide en ohmios
la paciencia en faradios
el entusiasmo en voltios

pero siempre supimos, no hizo falta maestro,
que
la tristeza se mide en centímetros cúbicos

qué hacen los físicos que aún no han encontrado
una unidad para computar la alegría

37

explorador de ruinas inocentes
vigilante en la huida herido entre las sombras
muchedumbre de agua sobre un cauce incorrecto
delirio de manzanas eclipse de fronteras
inaccesibles recodos infantiles
que se perdieron
a los que no conduce ya ningún camino
socavones
socavones inmensos de intenciones
versos que aún no lo eran
adjetivos sin pausa

abrí el cajón de la primera aurora
y desparramé sus huestes de colores
y hallé también palabras ya casi olvidadas
tentación, indefenso, aleluya,
sacrílego, espasmo, huerto

38

se secaron las rosas y con ellas
se secaron los pensamientos y la aurora
ya no hay juguetes en la infancia de los niños
ya no hay penumbra en la maldad de los mayores

es una pena pero el viento sopla
el aire limpia la tormenta avisa
el relámpago luce el trueno suena
y ni un grano de arena se desvía del surco del navío
ninguna gota de sudor aparece en las mochilas

39

un aguinaldo en forma de golondrina
para que las almas turbulentas
puedan volar a existencias más cálidas

una muchacha que en su cartera lleve
la palabra que más la acerque a su horizonte
y que le pese poco

una línea trazada con mano temblorosa
y lápiz firme
que separe la inocencia del asfalto

un pañuelo que envuelva una medalla
en cuyo envés conste la fecha
en la que hemos de morir

40

tienes que reconocer que sí
que estás nadando en un precipicio de espuma
y que no quieres ahogarte
que la incerteza dirige tu vida con maestría
-siempre hay un renglón que no termina,
un río que desemboca en otra parte-
y rotula rutas discontinuas
por las que avanzas solo

te miras hacia adentro y sabes que no puedes
sabes que ya no puedes
que debes recordar las lágrimas de un niño que una vez lloró
escuchar los acordes de una sintonía que una vez sonó
pelea con el puñal que tienes en la mano
por salir del infierno

nunca olvides que hay prisiones y mañanas que encarcelan
que hay caminos que solo sirven para huir
que hay paredes que solo sirven para detenerse

41

ya no me quedan dimensiones
para ocultar lo que soy
el dibujo de las cosas cotidianas aparece torcido
como si cada día
se sublevará contra mí

tengo manchas en la ropa y en la lejanía
me siento vulnerable y observado
y tiemblo, en el azar del metro,
mientras elijo el pequeño fragmento de pared
donde me gustaría encontrarme

42

detrás de cada abandono hay bidones de sangre
hay kilómetros de sudor definitivo
toda renuncia encierra terremotos
todos los suicidas han amado la vida

y te preguntas por qué la vida es frágil
por qué todo aquello que existe está constantemente en peligro
de dejar de existir
por qué la hoja comienza a caer en cuanto nace

te has ganado el sustento trazando soluciones a problemas
que nadie había planteado
has jugado a dar respuestas a preguntas que no existen
escrutas todo y todo lo cuestionas
por qué es limpia la sonrisa
por qué es leve la mirada de los niños
por qué el destino se baña a menudo de crueldad

te crees fuerte pero no lo eres
buscas explicación a todo lo que ocurre y no la hay:
dios murió en primavera

43

cuando el último acorde se agote en el oído
cuando la sal tenga sed y la tumba carezca de suturas

quedarán enigmas que no supe descifrar
laberintos sin salida
palmadas sin espalda
homenajes atrapados en lo oscuro de una estancia
que no volverá a abrirse

querré decir tantas cosas a la vez que tendré
los labios abarrotados de boca

y mis miradas seguirán buscando en las paredes y en las
                                                    [baldosas
las palabras de los profetas

no sé cuándo ocurrirá
pero miro mis manos sin apenas tacto y comprendo que el lápiz
se va quedando sin el gris grafito
se va quedando sin la gris ceniza

ÍNDICE